BEI GRIN MACHT SICH IHR WISSEN BEZAHLT

Psychische Instabilitäten und ausgeprägte Eigenschaften in Korrelation mit der Erwerbstätigkeit und dem sozialen Kontext

Lena Haas

Bibliografische Information der Deutschen Nationalbibliothek:

Die Deutsche Nationalbibliothek verzeichnet diese Publikation in der Deutschen Nationalbibliografie; detaillierte bibliografische Daten sind im Internet über http://dnb.d-nb.de abrufbar.

ISBN: 9783346547989
Dieses Buch ist auch als E-Book erhältlich.

Einsendeaufgabe

Psychische Instabilitäten und ausgeprägte Eigenschaften in Korrelation mit der Erwerbstätigkeit und dem sozialen Kontext

SRH Fernhochschule – The Mobile University

Studiengang: B. Sc. Psychologie

Von
Lena Haas

Inhaltsverzeichnis

Abkürzungsverzeichnis

ICD-10   *(englisches Original)* International Statistical Classification of Diseases and Related Health Problems; 10. Revision der Klassifikation

WfbM   Werk für behinderte Menschen

k.A.   keine Angaben

EI   Emotionale Intelligenz

EQ   Emotionaler (Intelligenz-)Quotient

IQ   Intelligenz Quotient

1. Schizophrenie

In Unterkapitel 1.1 werden die Bestandteile einer Schizophrenie erläutert. Anschließend erfolgt im Unterkapitel 1.2 eine Beschreibung der schizotypen und wahnhaften Störung. Davon ausgehend wird in Unterkapitel 1 3 erklärt, welche Herausforderungen das Berufsleben eines schizophrenen Patienten beinhaltet. Das Unterkapitel 1.4 behandelt die Vor- und Nachteile von Schizophrenen in Behindertenwerkstätten anhand des vorliegenden Datenbestandes.

1.1 Allgemeine Beschreibung

1.1.1 Symptomatik und Diagnostik

Symptomatik:

Der Begriff Schizophrenie stammt ursprünglich aus dem Griechischen und bedeutet übersetzt „Spaltungsirrsinn". Durch die hohe Variabilität der Symptomatik unterscheiden sich viele Patient:innen grundlegend. Das ICD-10 differenziert neun verschiedene Auftretensformen (Schöney, 2018, S. 70). Zu den häufigsten Symptomen zählen u.a. sechs Erscheinungsformen, welche sich durch eine Vielzahl der Merkmale zusammenfassen lassen:

1. Realitäts- und Kontaktverlust

2. Gedächtnis- und Wahrnehmungsstörungen (z.B. Paranoia oder Halluzinationen)

3. Sprachstörungen

4. Apathie und Gefühlsverlust

5. Störung des Sozialverhaltens (z.B. Selbstisolation)

6. Motorikstörungen (Hobmair, 2014, S. 446)

Als weiteres Symptom wir die Inkohärenz (Zerfahrenheit) in Gesprächen beschrieben. Diese weisen zudem manische Züge und unnatürliche Neologismen auf. Die Paranoia zeigt sich häufig in der Beschreibung von Verfolgungs- und/oder Beeinflussungswahn. Patient:innen mit Halluzinationen vernehmen zum einen akustische Reize wie das Stimmenhören von unsichtbaren Personen/Wesen, welche u.a. Befehle erteilen und sich über ihren „Wirt" belustigen. Zum anderen wird zusätzlich von der Vorstellung diese Wesen sehen zu können berichtet. Des Weiteren können Desorganisationen des Denkens und Handelns, sowie neurokognitive Schwierigkeiten auftreten. Bei einem andauernden Krankheitsverlauf sind vermehrt

Störungen der Ich-Identität (z.B. Umwelt kann innere Gedanken hören), der Emotionen und der eigenen Interessen zu verzeichnen. Ebenso können sich psychomotorische Symptome wie Katatonie (Krampfanfälle) herausbilden. Zu einer besseren Differenzierung wurde eine Unterteilung in **Positiv- bzw. Plussymptomatik** (Akute Phase) und Negativ- bzw. Minussymptomatik (Residualphase) getroffen. Zur Positivsymptomatik zählen die Paranoia sowie Halluzinationen. Die Negativsymptomatik kann den Verlust von Interessen und des inneren Antriebs bedeuten. Eine potenziell obligatorische Zusammenfassung der Grundsyndromen wurde bereits im Jahr 1911 durch den Psychiater Eugen Bleuler (1857-1939) erbracht. Er erkannte, dass es einen signifikanten Unterschied macht, ob der/die Patient/in an einer Schizophrenie oder einer gespaltenen bzw. multiplen Persönlichkeitsstörung erkrankt ist. Aufgrund ihrer ähnlichen Symptomatik kann es zu einer Fehldiagnose kommen (Köhler, 2019, S. 122-124). In den meisten Fällen erkennen die Betroffenen ihre eigene Erkrankung nicht, obgleich das Umfeld die ersten Veränderungen bereits in einem frühen Stadium bemerkt. Zu erwähnen ist, dass sich bei einem gewissen fortgeschritten Ausprägung die Wahnvorstellung soweit manifestieren können, dass sie eine Heilung durch Therapie erheblich behindern (Prölß, Schnell & Koch, 2019, S. 16-22).

Diagnostik:

Die Anamnese der psychotherapeutischen Sitzungen ist essenziell, um zu erfragen, welche Symptome der/die Patient/in festgestellt hat, wann sich diese äußern, in welchen Situationen sie verstärkt auftreten aber auch wie hierbei bislang intuitiv reagiert oder interveniert hat. Dies ermöglicht eine Einordnung der Symptome aus Sicht der internationalen Kriterien einer Schizophrenie sowie das Ausschließen einer komorbiden Störung. Durch die Anamnese des strukturierten klinischen Interviews wird zudem erfragt, in welchem sozialen Gefüge sich die Patienten befinden, wie viele Ressourcen (biologischer/sozialer Natur) vorhanden sind und wie ausgeprägt die individuelle Problemlösefähigkeit ist. Stressoren können ebenso durch die Umwelt auf das Individuum einwirken, sodass die soziale Unterstützung durch das familiäre und nachbarschaftliche Umfeld epochalen Einfluss auf die Entstehung der Krankheit wie auch ihre Heilung nehmen kann. Eine weitere Möglichkeit sind schizophrenie-spezifische Verfahren, welche aus dem Bereich der verhaltenstherapeutischen Behandlung stammen. Die wirkungsvollste Therapiemöglichkeit stellt die medikamentöse Behandlung durch pharmakologische Maßnahmen wie Antipsychotika dar (Margraf & Schneider, 2019, S. 397-425).

1.1.2 Epidemiologie und Ätiologie

Epidemiologie:

Schizophrenie hat eine Lebenszeitprävalenz von 1%, hält sich über die Kulturen hinweg stabil und betrifft Männer wie Frauen in etwa gleich häufig. Männer erkranken laut empirischer Studien in einer früheren Lebensphase (20-25 Jahre) als Frauen (25-30 Jahre). Der Beginn einer schizophrenen Phase nennt man **Prodromalphase**. Ihre Dauer kann sich über wenige Wochen oder Monate bis über mehrere Jahre erstrecken. Die frühen Symptome sind zumeist die soziale Isolation und ein Rückgang des Kommunikationsniveaus. Anschließend folgt die **floride/akute Phase**, welche durch die positiven Symptome zu erkennen ist. Häufig beginnt danach die **Residualphase**, die Phase der Negativsymptomatik Aufgrund der hohen Individualität der Individuen und ihrer Krankheitsverläufe kann der Langzeitverlauf dieser Erkrankung nicht eindeutig vorhergesagt werden. Deshalb wurden im ICD-10 verschiedene Verläufe zur Orientierung festgelegt: der kontinuierliche Verlauf (bei einer sich steigernden Symptomatik), episodisch mit zunehmendem oder stabilem Residuum (= Rückstand, Rest), episodisch remittierend sowie die Voll- und Teilremission (=Rückgang). Etwa 20% der Patient:innen genesen nach Anwendung der Therapie vollständig und 45% der Patient:innen remittieren teilweise ohne zurückbleibende Symptome. Bei 35% der Betroffenen ist eine Remission nicht möglich. Während der schizophrenen Phase neigen viele der Erkrankten zum Substanzmissbrauch und der Entwicklung einer Angststörung oder Phobie (Casper, Pjanic & Westermann, 2018, S. 85-86).

Ätiologie:

Die Ursachen für eine Schizophrenie werden als ein Zusammenspiel bio-psycho-sozialer Faktoren angesehen. Für eine umfassende ätiologische Forschung wird deshalb das Vulnerabilitäts-Stress-Modell angewendet. Hierbei können genetische, psychologische und kognitive sowie sozioökonomische Risiken erforscht werden. Interagieren diese Risiken zusätzlich miteinander, benötigt das Individuum ein hohes Maß an Resilienz. Wird dies durch eine Lebenskrise stark geschwächt, erhöht sich die Wahrscheinlichkeit zu erkranken. Kinder eines schizophrenen Elternteils haben ein Vererbungsrisiko von etwa 10% (Casper, Pjanic & Westermann, 2018, S. 86-88). Ebenso können prä- wie postnatale Infektionen und neurobiologische Veränderungen (u.a. des Dopamin-Haushaltes) zu einer späteren Ausbildung der Schizophrenie führen. Zuletzt können schizophrene Psychosen durch psychoaktive Drogen induziert worden sein (Thoma, 2019, S. 3-4).

1.2 Schizotype und wahnhafte Störung

Schizotype Störung:

Ein Patient mit einer schizotypen Störung weist schizophrene Stimmungen und Denkweisen auf, ohne dass jedoch eindeutige charakteristische Merkmale einer Schizophrenie diagnostiziert werden können. Dennoch können Tendenzen der Symptome wie u.a. eine vermehrte soziale Isolation sowie bizarre Gedanken und Wahrnehmungsstörungen festgestellt werden. Konkrete Wahnvorstellungen sind nicht zu verzeichnen, obgleich manche Patient:innen zu quasipsychotischen Episoden und wahnähnlichen Illusionen neigen. Der Verlauf und Beginn ist nicht vorherzubestimmen und entspricht deshalb (vorläufig) der Diagnose einer Persönlichkeitsstörung (ICD-code, k.A.).

Wahnhafte Störung:

Die (anhaltende) wahnhafte Störung zeichnet sich durch einen einzelnen Wahn oder zusammenhängende Wahninhalte aus. Diese Vorstellungen sind häufig andauernd und können sich über die komplette Lebenszeit erstrecken. Die Wahninhalte sind nicht akustisch und nicht das Produkt einer Erkrankung des Gehirns. Lediglich in seltenen Fällen neigen ältere Generationen zum Hören von Stimmen. Dies ist nicht mit den Merkmalen einer ausgebildeten Schizophrenie zu vereinbaren (ICD-code, k.A.).

1.3 Erwerbstätigkeit bei Schizophrenie

Menschen mit Schizophrenie verfügen über eine sehr geringe berufliche Einstellungsquote, welche sich an einer niedrigen Beschäftigungszahl von etwa 10-20% der Erkrankten erkennen lässt. Sie gelten zudem als die am stärksten benachteiligte Gruppe der psychischen Patient:innen bezogen auf die Inklusion in den ersten Arbeitsmarkt. Schizophrene Menschen leiden unter Antriebslosigkeit und kognitiven Beeinträchtigungen, weshalb einige der Betroffenen keiner festen Arbeit nachgehen können. Aufgrund der psychotischen Episoden sind zudem längere Krankheitsphasen zu verzeichnen, welche für viele Firmen einen Kündigungsgrund darstellt. Jedoch stehen die Arbeitslosigkeit und eine psychische Störung in Wechselwirkung. Das bedeutet, dass Menschen entweder aufgrund ihrer Erkrankung nicht (mehr) arbeiten können und frühberentet werden oder sie erkranken wegen der Arbeitsbedingungen an einer psychischen Störung (Ommert, 2020, S. 31-34). Wichtig zu erwähnen ist, dass die Berufstätigkeit, unabhängig ihrer Aufgaben, nachweislich zur Gesundheitsförderung beiträgt, da sie den Selbstwert stärkt. Das Individuum erfährt einen geregelten Tagesrhythmus mit Ritualen wie das morgendliche Aufstehen, das Verlassen des Hauses wie auch die Schaffung von Mehrwert für sich und andere.

Um einem schizophrenen Patienten eine geregelte Berufstätigkeit zu ermöglichen, müssen die Arbeitsbedingungen angepasst werden. Diese Anpassungsmaßnahmen sehen vor, dass eine individuelle Arbeitseinteilung und Geschwindigkeit eingerichtet wird. Eine einzige Pause von 30-60min. ist nicht für alle Individuen geeignet, da diese nicht an jedem Tag zur gleichen Zeit bei gleicher Dauer benötigt wird. Die Arbeitgeber ist angehalten mit erhöhter Rücksichtnahme bei Krankheitsperioden sowie Leistungsschwankungen vorzugehen (betanet, 2020).12 Ergänzend wäre eine Erstellung eines „Notfallplans", gemeinsam mit den Arbeitgebern (und dem begleitenden Therapeuten) angebracht, um bei Ausbruch einer akuten Episode human zu intervenieren.

1.4 Schizophrene Patienten in Behindertenwerkstätten

Der Begriff der Beeinträchtigung bezeichnet eine nicht (ausreichend) vorhandene Körper-/Mentalfunktion. Die Folge einer Beeinträchtigung ist die Behinderung. Entsteht dem Individuum zusätzlich zur Behinderung in irgendeiner Form ein Nachteil, so wird dies als Handicap bezeichnet. Demnach sollten auch die Diagnosen einer psychischen Störung, einer kognitiven Beeinträchtigung und einer geistigen Behinderung bewusst begrifflich getrennt werden. Die Erkrankung einer Schizophrenie kann, aufgrund ihrer Ausprägung und individuellen Auswirkungen, jeder dieser Begrifflichkeiten zugeordnet werden (Ommert, 2020, S. 107-108). Etwa 20% der Menschen mit einer psychischen Störung werden in einer Werkstatt für behinderte Menschen (WfbM) untergebracht. Nach einer Berufsausbildung in einer WfbM werden jedoch die wenigsten Menschen eine Festanstellung im allgemeinen Arbeitsmarkt erhalten (Ommert, 2020, S. 34-35). Eine offizielle Studie zur Erfassung der Arbeits- und Lebensbedingungen für einen schizophrenen Patienten in einem WfbM gibt es bislang nicht. Deshalb werden im Folgenden die Vor- und Nachteile für eine Unterbringung/Arbeitsbeschäftigung, unter Berücksichtigung der genannten Daten, erläutert.

Vorteile:

1. Medizinische Versorgung: Durch eine medizinisch-psychologische Anbindung vor Ort ist eine Hilfestellung in umfangreichem Maße gesichert.

2. Fachlich ausgebildetes Personal in der Betreuung: Erzieher:innen/Betreuer:innen des WfbM sind examinierte pädagogische Fachkräfte. Sie erkennen Gefahren und auch Potenziale ihrer Klient:innen. In Kooperation mit den Kolleg:innen aus dem medizinischen Bereich können sie als ergänzende Instanz wirken.

3. Geschützter Rahmen: Das Umfeld einer WfbM ermöglicht den Betreuten eine Sicherheit vor Ausgrenzung in sozialer wie beruflicher Sicht, da das Angebot in der Regel für jeden individuell aufgebaut werden kann. Bei Ausbruch einer akuten Phase der Erkrankung wird eine Abwandlung der Bildungs- und Pflegemaßnahme ermöglicht, sodass keine weiteren Risiken für das generelle Wohl und Überleben bestehen müssen.

4. Arbeiten mit Gehalt – Eigenverantwortung: Die Betreuten erleben ihren Alltag nicht als Pflege und Betreuung, wie dies in einer reinen Rehabilitationsmaßnahme der Fall wäre. Durch eine geregelte Arbeit in z.b. der hauseigenen Gärtnerei, Wäscherei oder Werkstatt für Handarbeiten können sie das Gefühl der Eigenwirksamkeit erleben.

5. Soziale Kontakte: Die Betreuten leben in Gemeinschaft und können den Grundbedürfnissen der sozialen Interaktion (Freundschaften) nachgehen. Sie müssen sich nicht aufgrund ihrer Diagnose „verstecken" oder befürchten allein mit ihren Ängsten und Problemen zu sein. Zudem stärkt diese Wohnform den Umgang mit der eigenen Erkrankung und ihren Nachteilen im Alltag.

Nachteile:

1. Komplikationen bei einer Erstellung der Diagnose: Bei Einstufung des Schweregrades (Behinderung?) können Fehleinschätzungen entstehen, welche zu einer Unterbringung in einer WfbM führen, ohne dass dies von Nöten ist.

2. Fremdbestimmung: Die Betreuten können, abgesehen von den Möglichkeiten der Arbeit oder Freizeitbeschäftigung, wenig Einfluss auf ihr eigenes Leben nehmen. Der Wohnort, das Zimmer und dessen Einrichtung sowie die Zeiten zur Nahrungsaufnahme und ihrer Bestandteile sind u.a. in den meisten Fällen nicht individuell gestaltbar.

3. Soziale Konflikte: Durch die verschiedenen Diagnosen der körperlichen und geistigen Behinderung kann es zu Konflikten in der Gruppenbildung kommen, da verschiedene Intelligenzbereiche unterschiedliche Fähigkeiten und Defizite aufweisen (Interpretation des vorhandenen Datenbestandes).

2. Theoretische Modelle zur Bewertung

In Unterkapitel 2.1 wird die kognitiven Emotionstheorie von Stanley Schachter und Jerome Singer vorgestellt. Anschließend wird im Unterkapitel 2.2 das transaktionelle Stressmodell nach Richard Lazarus erläutert. Das Unterkapitel 2.3 diskutiert die Copingstrategien in ihrer Wirksamkeit.

2.1 Kognitive Emotionstheorie von Schachter und Singer

Die **Zwei-Faktoren-Theorie** von Stanley Schachter (1922-1997) und Jerome Everett Singer (1934-2010) aus dem Jahr 1962 gilt als eine der ersten theoretischen Ansätze zur Bewertung von Emotionen. Der Begriff der Emotion beschreibt das Produkt der Situationsbewertung. Diese erfolgt zumeist ohne spezifische Situation. Sie sind die Symbiose aus einem körperlichen Empfinden (Erregung) und Kognitionen (Emotionsrelevanz und das Erkennen der Körperempfindung als Ursache) welche miteinander attribuiert werden. Die Grundlage stellen hierbei die eigenen (zum Teil biologisch veranlagten) Bedürfnisse, Ziele und Bewältigungsmöglichkeiten dar. Demnach wirkt ein Stimulus auf das Individuum ein und wird folglich bewertet (subjektives Erleben von Emotionen). Die Forschungen von Schachter und Singer ergaben, dass sich Emotionen beobachtbar machen lassen und deshalb als manipulierbar gelten (Bak, 2019, S. 149-150) Kritisch betrachtet weist diese Theorie Defizite auf, da es bei Rekonstruktionsversuchen nicht möglich war die Ergebnisse vollständig zu replizieren. Bewiesen wurde dennoch, dass ein physiologischer Erregungszustand in unterschiedlich interpretierten Situationen verschiedene Emotionen auslösen kann. Ebenso können Übertragungseffekte auftreten, welche besagen, dass ein Ereignis Auswirkungen auf ein weiteres Ereignis haben kann. Zuletzt beeinflussen sogenannte Fehlattributionen die Ursacheneinschätzung, sodass Verzerrungen, welche durch andere Reize induziert werden, auftreten. Diese werden von dem Individuum nicht hinterfragt (Brandstätter, Schüler, Puca & Lozo, 2018, S. 213).

2.2 Transaktionelles Stressmodell von Richard Lazarus

Richard Stanley Lazarus (1922-2002) und E. Alfert (k.A) entwickelten die Theorie von Schachter im Jahr 1964 weiter. Der Schwerpunkt ihrer Studie war die Wirkung von Abwehrmechanismen auf durch Umweltreize ausgelöste Emotionen. Demnach kann die kognitive Bewertung physiologische Reaktionen manipulieren (z.b. hemmen). Diese geformte Sozialisation beginnt bereits in der frühen Kindheit und übt damit auf individuelle psychologische Einstellungen einen epochalen Einfluss aus (Beckaer-Carus & Wendt, 2017, S. 549). Emotionen, sowie auch Stress, sind das Produkt der zwei- bis dreistufigen Einschätzungsprozesse. Der erste Prozess, die **primäre Einschätzung**, erfolgt durch eine Bewertung des Ereignisses in positiv oder negativ für das generelle Wohlergehen. Die **sekundäre Einschätzung** hilft die eigenen Ressourcen zur Bewältigung der Herausforderungen der Situation zu bewerten. Zuletzt werden irrelevante Stimuli selektiert (unbewusst aussortiert) (Brandstätter, Schüler, Puca & Lozo, 2018, S. 214). Kann das Individuum den Anforderungen der Situationen nicht gerecht werden, so führt dies zu einer Stressreaktion (verglichen mit einer Bedrohung). Hierbei findet keine konkrete Unterscheidung in Disstress (negativen Stress) und Eustress (positiven Stress) statt. Stressreaktionen führen zumeist zu einer Anwendung von sogenannten „Copingstrategien" (Bewältigungsverhalten durch Gefühlsänderung); kurz Copings, welche auf Dauer zu einer Bildung der Stresstoleranz führt. Ausgelöst werden diese Copings durch eine subjektive Bewertung der Situation und korrelieren dabei nicht mit der Häufigkeit oder Intensität der objektiven Belastung. Würde die Situation routiniert ablaufen, würden durch einen Lernprozess keine Copings angewandt werden. Copings sind nach den Ansätzen von Lazarus eine Form der Abwehrmechanismen. Zudem findet eine Unterscheidung in problem- sowie emotionsorientiertem Coping statt (Burger, 2020, S. 14-16). Nach der Theorie von Lazarus hat der Bewertung einer vorherrschenden Situation einen hohen Stellenwert. Aufgrund der individuellen Bewertung werden objektiv beobachtete Situationen unterschiedliche empfunden.

2.3 Copingstrategien

Copingstrategien können sowohl konstruktive (nachhaltige), als auch dekonstruktive Lösungen für eine Problemstellung bereitstellen

Konstruktive Copings:

1. Förderung der eigenen Aufmerksamkeit, um frühzeitig eine Gefahrensituation zu erkennen

2. Langfristige Stabilisierung der positiven Förderung des Wohlergehens mit gezielter Elimination von negativen Situationen

3. Bei Problemen, welche nicht anhand der eigenen Ressourcen gelöst werden können, sollte externe Hilfe in Anspruch genommen werden

4. Selbsthilfegruppen fördern den Austausch von Menschen mit ähnlichen Problemen

5. Entspannungstechniken wie autogenem Training, Yoga, etc.

Dekonstruktive Copings:

1. Exzessiver Missbrauch von Substanzen (z.B. Alkohol und Drogen)

2. Eigene Ursachen für Problemsituationen werden nicht (an-)erkannt. Dies führt zu einer Beschuldigung des Umfeldes oder spezifischer Personen

3. Ungeduld und Ausübung von Druck um die Situation möglichst bald zu lösen

4. Suizidgedanken

5. Verdrängung und Ablenkung (Rolfe, 2019, S. 107-108)

3. Emotionale Intelligenz (EI)

Im Unterkapitel 3.1 folgt eine allgemeine Erläuterung der emotionalen Intelligenz (EI). Anschließend wird im Unterkapitel 3.2 die Bedeutung der EI im Teambildungsprozess beschrieben. In Unterkapitel 3.3 werden die Wirkungsbereiche der EI erklärt. Das letzte Unterkapitel 3.4 behandelt die Kritikpunkte an der EI.

3.1 Allgemeine Beschreibung

Nach aktuellem Forschungsstand kann ein Individuum über vier verschiedene Intelligenzen verfügen: Die Analytische (IQ), Soziale, Emotionale und Praktische Intelligenz (Hobmair, 2014, S. 212). Die Emotion stellt das bewusste Erleben der inneren Gefühlswelt dar (Schulze, Freund & Roberts, 2006, S. 16). Zu erwähnen ist, dass keine finale Differenzierung zwischen der Sozialen und Emotionalen Intelligenz derzeit möglich ist, da beide Intelligenzen sowohl die empathische Komponente als auch die soziale Kompetenz aufweisen. Der Begründer der Emotionalen Intelligenz, Daniel Golemann (*1946), hat den Begriff im Ende des 20. Jahrhunderts eingeführt und mit seinem Konzept manifestiert. Die Emotionale Intelligenz wird als Persönlichkeitseigenschaft erachtet, welche epochal das eigene wie fremde Erleben und Verhalten beeinflussen kann. Aus dieser Eigenschaft bilden sich zudem die Fähigkeiten Toleranz, Menschenkenntnis und nützliche Lebensweisheiten (korrelierend mit dem Lebensalter) aus. Frauen haben verglichen mit Männern, ein stärker ausgebildetes Sensorium für die Gefühlswelt eines Mitmenschen. Im Gegensatz hierzu verfügt der Mann über eine bewusstere Kontrolle seiner Gefühle (Bolsey & Kasten, 2018, S. 40-41). Goleman legte fünf Komponenten der Emotionalen Intelligenz fest: Selbstregulation, Selbstwahrnehmung, Motivation, Empathie und sozialen Kompetenzen (u.a. die Fähigkeit Bekanntschaften aufrecht zu erhalten) (Von der Assen, 2019, S. 73). Bereits durch Vererbung und die frühkindliche Erziehung werden die ersten Grundlagen für diese Intelligenz festgelegt, da sie sowohl postnatal als auch pränatal in diesem frühen Stadium auf das Individuum einwirken. Einen weiteren Einfluss üben die vorherrschenden Normen und Werten einer Gesellschaft aus. Säuglinge treten schon mithilfe der nonverbalen Kommunikation mit ihrer Umwelt in Kontakt und lernen hierbei die ersten Voraussetzungen der Selbstdisziplin und Empathie (Bolsey & Kasten, 2020, S. 24).

<u>Bestimmung des emotionalen Intelligenzquotienten (EQ):</u>
Der EQ-Test ist das Messverfahren zur Feststellung der emotionalen Intelligenz. Der Name ist abgeleitet von dem Begriff der analytischen Intelligenz (IQ). Das Messverfahren wurde bereits in den 1990er Jahren von Peter Salovey (*1958) und John D. Mayer (*1953) entwickelt und von Goleman später veröffentlicht.

Wichtig zu erwähnen ist, dass es sich bei dem Messergebnis nicht um einen eindeutigen Zahlenwert handelt, wie dies bei einem IQ-Test der Fall wäre. Der israelische Psychologe Reuven Bar-On (*1944) ermittelte die fünf wesentlichen Persönlichkeitsmerkmale, welche sich anhand der Tests definieren lassen: die Interpersonale Intelligenz, die Intrapersonale Intelligenz, die Anpassungsfähigkeit, das Stressmanagement und die allgemeine Stimmung (123test.com, 2020). Das Testverfahren des EQ-Tests ist, aufgrund einzelner Fragestellungen aus dem Bereich des Neurotizismus, mit einem Persönlichkeitstest zu vergleichen, da die Ergebnisse ebenso Aussagen über Aggressivität oder Depressivität treffen können. Anders als die analytische Intelligenz, welche ihren Höhepunkt mit dem 17. Lebensjahr erreicht, entwickelt sich die emotionale Intelligenz das ganze Leben weiter (Bolsey & Kasten, 2018, S. 42-43).

3.2 Teambildungsprozess

Vorab müssen die Begriffe Gruppe und Team voneinander unterschieden werden. Diese Konstellationen von Menschen(-gruppen) unterscheiden sich ihrer Organisationsform. Eine Gruppe ist funktional zusammengestellt und verfügt über eine geregelte Aufgabenverteilung und ist prozessgesteuert auf ein Ziel ausgerichtet. Somit arbeitet jedes Gruppenmitglied an einem eigenen Teil der Gesamtlösung. Die Organisation eines Teams erfolgt jedoch durch Zusammenarbeit, eigene/gemeinsame Planung, Durchführung, Kontrolle und Verantwortung. Ein Team besitzt demnach eine erhöhte Entscheidungsfreiheit, welche die Lösungssuche erweitert. Ein erfolgreicher Teamprozess zeichnet sich durch eine Strukturierung des Arbeitsauftrags und einer ausgeprägten sozialen Kompetenz und Diversität der Teammitglieder aus. Eine weitere Bedingung stellen die alternativen Möglichkeiten dar, da eine kreative Lösung nicht im Vorfeld vorhanden ist und sich erst im Prozess der Suche entwickelt. Durch die Eigenverantwortlichkeit wird die persönliche Motivation gefördert, welche zudem eine Entlastung für den Vorgesetzten hervorbringt. Dieser sollte zudem keine mitwirkende Rolle in einem Team einnehmen, da er andernfalls als ungeeignete Kontrollinstanz fungieren könnte (Hennerfeind, Henerfeind & Swoboda, 2020, S. 225-227). Ein Team sollte eine möglichst geringe Mitgliederanzahl (min. 2 Personen) verzeichnen, da nachweislich eine Größe über 25 Personen zu sozialen Konflikten führt. Eine notwenige Eigenschaft für jedes Mitglied muss es sein, die Interessen des Teams über die persönlichen zu stellen und dabei gezielt an Lösungsvorschlägen zu arbeiten. Des Weiteren fördert die Kommunikation die zwischenmenschliche Verständigung und das Sensorium der Konfliktintervention. Es ist erforderlich, dass soziale Probleme zeitnah erkannt und konstruktiv gelöst werden und dass die einzelnen Mitglieder das Ziel für erstrebenswert halten. Andernfalls werden sie nicht zusammenarbeiten können (Ellenbracht, Lenz, Geiseler & Osterhold, 2018, S. 200-202). Essenziell ist die Bildung eines positiven Arbeitsumfeldes durch das Bereitstellen der notwenigen Ressourcen und einem angemessenen finanziellen Budget.

Persönliche Kontakte innerhalb des Teams sollen zudem Probleme vorbeugen und ermöglichen gegenseitige Wertschätzung als Beitrag für das Ziel. Insgesamt etablierten sich in Forschungen vier Kriterien zur Ermessung der Teameffizienz: Ergebnis, Zusammenarbeit, Teamdynamik und Entwicklung (Goffin, 2020, S. 446-447). Zu erkennen ist hierbei die Verbindung zwischen den notwenigen Persönlichkeitsmerkmalen für einen erfolgreichen Teamprozess und den Eigenschaften der emotionalen Intelligenz. So wirken sich Toleranz, Menschenkenntnis und die allgemeinen Lebensweisen förderlich für die Entwicklung und Lösung einer gemeinsamen Problemstellung aus. Zudem sind ein umfassendes Allgemein- und Fachwissen aus spezifischen Bereichen für eine gemeinsame kreative Lösung erforderlich (Verknüpfung des vorhandenen Datenbestandes).

3.3 Wirkungsbereiche der emotionalen Intelligenz

Verfügt ein Individuum über das Persönlichkeitsmerkmal der Emotionalen Intelligenz, so sind ihre Vorteile in verschiedenen Lebensbereichen nützlich einsetzbar. Im Folgenden werden zwei dieser Bereiche näher beschrieben.

Lebensbereich 1: Soziale Beziehungen
Die Grundlagen der sozialen Interaktion werden mithilfe der Erziehung (Bezugsperson, Umwelt und Gesellschaft) bereits in der frühen Kindheit erlernt. Durch die Fähigkeit die eigenen und fremden Emotionen zu deuten, ist der Prozess der Anpassung an die vorherrschenden Normen und Werte leichter umsetzbar. Das Bedürfnis der zwischenmenschlichen Beziehungen wird durch Freund- und Partnerschaft(en), sowohl in platonischer als auch romantischer Art und Weise und dem sozialen Kontakt zu Tieren, befriedigt (Bak, 2019, S. 182). Zudem wird durch ein soziales Gefüge ein geschützter Rahmen ermöglicht, welcher nachweislich zur Gesunderhaltung eines jeden Individuums beiträgt. Im Fall der sozialen Isolation weisen Menschen eine erhöhte Anfälligkeit für sowohl physische als auch vermehrt psychischer Erkrankungen wie Depressionen auf. Dies bedeutet, dass die emotionale Intelligenz sowohl das Knüpfen neuer Kontakte als auch das Aufrechterhalten bereits bestehender Beziehungen fördert, da Konflikte zeitnah erkannt und mit Rücksichtnahme gelöst werden können (Süss & Negri, 2019, S. 7).

Lebensbereich 2: Beruf und Karriere
Durch die bereits genannten Faktoren des Sozialverhaltens lassen sich zudem positive Faktoren für den Beruf ableiten. Ein emotional intelligenter Mensch ist in der Lage einen kollegialen Umgang mit dessen Arbeitskolleg:innen oder Mitarbeiter:innen anzustreben.

Der/Die Arbeitgeber/in würde zudem durch einen weniger autoritären und respektvollen Umgang profitieren, welcher nachhaltig zu humanen Umgangsformen innerhalb eines Unternehmens führt (Wagner, 2019, S. 1-5). Ist es den Arbeitgebern zudem möglich, regelmäßig mit den Mitarbeitern in einen konstruktiven Austausch zu gehen, so fördert dies die Motivation und beugt Kommunikations- und Verständnisprobleme vor (Kanning, 2019, S. 287). Durch eine hohe Arbeitszufriedenheit steigert sich die Produktivität und das allgemeine Wohlbefinden für die Arbeit in einem Team. Sind die Arbeitsbedingungen in vollem Maße zufriedenstellend, dann ist es einem emotional intelligenten Menschen möglich, mithilfe seiner Fähigkeiten nachweislich der Gesundheitsförderung innerhalb des Unternehmens beizutragen (Werth, 2020, S. 154).

3.4 Kritik am Konzept der emotionalen Intelligenz

Bereits bei der Namensbezeichnung der emotionalen Intelligenz haben Wissenschaftler ihre Bedenken geäußert. Kritisiert wird hierbei die bewusste Ähnlichkeit zu dem Begriff der analytischen, allgemein anerkannten, Intelligenz (IQ). Seit den 1950er Jahren wurden hier, im Gegensatz zur „sozialen Intelligenz", keine neuen Ergebnisse mehr erbracht. Des Weiteren wird ein tugendhafter Mensch, welcher sich moralisch korrekt verhält, als intelligent bezeichnet. Obwohl der IQ und EQ eine unterschiedliche Aussagekraft besitzen, würde der emotionalen Intelligenz ein gleichwertiger Stellenwert zukommen. Jedoch ist, wie bereits beschrieben, die emotionale Intelligenz als Persönlichkeitseigenschaft oder Sozialkompetenz anzusehen. Anders als die analytische Intelligenz, welche sich u.a. mit abstraktem Denken messen lässt, ist sie eine zu erlernende gesellschaftliche Fähigkeit, welche nicht mittels Vererbung an ein Individuum übertragen werden kann (Bolsey & Kasten, 2018, S. 154). Aus diesem Grund verwenden immer mehr Psychologen und Fachkollegen die Bezeichnung der emotionalen Kompetenz, um den verbundenen Fähigkeiten der Wahrnehmung und Regulierung der eigenen Gefühlen und Emotionen gerecht zu werden. Zudem soll damit verhindert werden, dass es zu einer Überschneidung oder Verwechslung der Persönlichkeitsmerkmale der sogenannten „Big Five" kommen kann (Asendorpf, 2018, S. 153-158). Ein weiterer Kritikpunkt ist die Messmethode zur Erfassung der emotionalen Intelligenz/Kompetenz. Die Ergebnisse können in viele Richtungen individuell interpretiert und gedeutet werden, sodass eine Eigenschaft als ausgeprägt, aber auch bereits als Symptom einer psychischen Störung gedeutet werden kann (Müller-Lobeck, 2018).

Literaturverzeichnis

Bücherquellen

Asendorpf, J. B. (2019), *Persönlichkeitspsychologie für Bachelor*, 4. Auflage, Berlin

Bak, P. M. (2019), *Lernen, Motivation und Emotion – Allgemeine Psychologie II – das Wichtigste prägnant und anwendungsorientiert*, 1. Auflage, Berlin

Becker-Carus, C, Wendt, M. (2017), *Allgemeine Psychologie – Eine Einführung*, 2. Auflage, Berlin

Bolsey, I., Kasten, E. (2018), *Emotionale Intelligenz*, 1. Auflage, Berlin

Bolsey, I., Kasten, E. (2020), *Emotionale Intelligenz bei Kindern fördern*, 1. Auflage, Wiesbaden

Brandstätter, V., Schüler, J., Puca, R. M., Lozo, L. (2018), *Motivation und Emotion – Allgemeine Psychologie für Bachelor*, 2. Auflage, Berlin

Burger, M. (2020), *Lernwelt Mobbing – Auswirkungen von Mobbing auf das System Familie*, 1. Auflage, Wiesbaden

Casper, F., Pjanic, I. Westermann, S. (2018), *Klinische Psychologie*, 1. Auflage, Wiesbaden

Ellebracht, H., Lenz, G., Geiseler, L., Osterhold, G. (2018), *Systemische Organisations- und Unternehmensberatung – Praxishandbuch für Berater und Führungskräfte*, 5. Auflage, Wiesbaden

Goffin, H. (2020), *Erfolgsunternehmen – empirisch belegte Wege an die Spitze; Wie erlangen führende Unternehmen besondere Ergebnisse?*, 1. Auflage. Berlin

Hennerfeind, P., Hennerfeind, B., Swoboda, R. (2020), *Soziale Aspekte der Führung – Selbstführung, Fremdführung, Horizontale Beziehungen*, 1. Auflage, Wiesbaden

Hobmair, H. (2014), *Pädagogik/Psychologie für das berufliche Gymnasium in Baden-Württemberg (Band 2)*, 1. Auflage, Köln

Kanning, U. P. (2019), *Managementfehler und Managerscheitern*, 1. Auflage, Berlin

Köhler, T. (2019), *Biologische Grundlagen psychischer Störungen*, 3. Auflage, Göttingen

Margraf, J., Schneider, S. (2019), *Lehrbuch der Verhaltenstherapie (Band 2)*, 4. Auflage, Berlin

Ommert, J. (2020), *Teilhabe an Arbeit und Beschäftigung – Bedeutende Kontextfaktoren und Wechselwirkungen für Frauen mit Schizophrenie*, 1. Auflage, Wiesbaden

Prölß, A., Schnell, T., Koch, L J. (2019), *Psychische Störungsbilder*, 1. Auflage, Berlin

Rolfe, M. (2019), *Positive Psychologie und organisationale Resilienz – stürmische Zeiten besser meistern*, 1. Auflage, Berlin

Schöney, W. (2018), *Sozialpsychiatrie – theoretische Grundlagen und praktische Einblicke*, 1. Auflage, Berlin

Schulze, R., Freund, A., Roberts, R. (2006), *Emotionale Intelligenz – ein internationales Handbuch*, 1. Auflage, Göttingen

Süss, D., Negri, C. (2019), *Angewandte Psychologie – Beiträge zu einer menschwürdigen Gesellschaft*, 1. Auflage, Berlin

Thoma, P. (2019), *Neuropsychologie der Schizophrenie – Eine Einführung für Psychotherapeutinnen und Psychotherapeuten*, 1. Auflage, Wiesbaden

Von der Assen, C. (2019), *Crash-Kurs Psychologie – Semester 2*, 1. Auflage, Berlin

Wagner, C. (2019), *Managementethik und Arbeitsplätze – Eine metaphysische und moralökonomische Analyse*, 1. Auflage, Wiesbaden

Werth, L., Seibt, B., Meyer, J. (2020), *Sozialpsychologie – Der Mensch in sozialen Beziehungen*, 2. Auflage, Berlin

Internetquellen

Batanet (2020), *Psychosen >Arbeit*, https://www.betanet.de/psychosen-arbeit.html, abgerufen am 11.08.2020

DGBS (2017), *Meet the Expert – Bewältigungsstrategien*, https://dgbs.de/fileadmin/cust/jahrestagung/2017/A_Kahlert_Stress_Bewaeltigungstrategien.pdf, abgerufen am 14.05.2020

ICD-code (k.A.a), *F21: Schizotype Störung*, https://www.icd-code.de/icd/code/F21.html, abgerufen am 10.08.2020

ICD-code (k.A.b), *F22: Anhaltende wahnhafte Störung*, https://www.icd-code.de/icd/code/F22.0.html, abgerufen am 10.08.2020

Müller-Lobeck, C. (2018), *Das Rätsel EQ – Sind einfühlsame Menschen erfolgreicher als schlaue?*, https://www.spiegel.de/spiegelwissen/emotionale-intelligenz-was-ist-damit-gemeint-a-1184380.html, abgerufen am 12.08.2020